RECUEIL DE PIECES

A OPPOSER

A divers libelles dirigés contre le Conservatoire de Musique.

EXTRAIT

Des délibérations prises par les membres du Conservatoire de Musique réunis en assemblée générale.

Séance du 29 prairial an 10 de la république.

. . . .
. . . .
. . . . L'arrêté suivant est adopté.

Une commission, composée des citoyens Gossec, Monsigny, Méhul, Chérubini, Martini, Grasset, Domnich, Plantade, Baillot, Berton, Kreutzer, Rode, Garat, Guichard, Xavier Lefevre, Frédéric Duvernoy, Schneitzhoeffer, Tourette, Widerkehr, Eler, Ozi, est chargée de préparer un travail tendant à réfuter par les pieces existantes les calomnies insérées dans les libelles dirigés contre le conservatoire depuis le commencement de brumaire an X.

Toutes ces pieces seront remises à la commission.

Séance du 26 messidor an 10.

Le rapporteur de la commission nommée le 29 prairial dernier, fait en assemblée générale des membres du conservatoire, lecture d'un travail ayant pour titre RECUEIL DE PIECES A OPPOSER A DIVERS LIBELLES DIRIGÉS CONTRE LE CONSERVATOIRE DE MUSIQUE.

Ce travail est adopté; il est signé par les membres présents, et l'assemblée arrête qu'il sera de suite livré à l'impression.

Pour extrait

Le sécrétaire du conservatoire,

VINIT.

RECUEIL DE PIECES

A OPPOSER

A divers libelles dirigés contre le Conservatoire de Musique.

On répand depuis long-temps dans le public des libelles dirigés contre le Conservatoire.

Ces libelles attaquent l'établissement dans son organisation, et renferment un système de calomnie tellement suivi, qu'on ne peut douter que leurs auteurs ne cherchent à égarer l'opinion publique, sous le prétexte d'éclairer les autorités sur les véritables intérêts de l'art.

Le Conservatoire, qui fait partie de l'instruction publique, se doit à lui-même de chercher à justifier la confiance dont le Gouvernement l'honore ; il se doit de repousser les calomnies dirigées contre l'institution qu'on cherche à peindre sous de fausses couleurs, de faire connoître la conduite et les motifs de ceux qui voudroient faire perdre l'estime publique aux membres de cet établissement, de rendre enfin hommage à la vérité sur l'administration du citoyen Sarrette, dont tous les soins ont été constamment dirigés vers les progrès et la gloire de l'art musical.

On a long-temps méprisé de vaines clameurs : une institution si étrangere par elle-même à toute espece d'intrigue, et qui présente dans son ensemble le tableau d'une grande famille livrée tout entiere à l'étude et à la pratique des beaux arts, devoit éviter des discussions scandaleuses. Le Conservatoire a gardé le silence : s'il le rompt aujourd'hui, ce n'est point pour entrer dans l'arène et fatiguer sans cesse le public par de nouveaux débats que ne manqueroient pas de rendre nécessaires de nouveaux libelles ; ce vœu, qui seroit sans doute celui des ennemis du conservatoire, ne sera pas rempli. Cette réponse ne leur est point adressée ; elle n'est simplement qu'un recueil de preuves capables de fixer l'opinion sur un établissement qui a besoin d'être environné de l'estime publique pour atteindre le but que le Gouvernement lui a désigné en lui confiant l'instruction des élèves et l'exercice des moyens qui peuvent assurer les progrès de l'art.

Parmi ces libelles, *un article du Censeur des théâtres, du 18 germinal dernier, et une Lettre à M. Paisiello, par les amateurs de la musique dramatique,* ont principalement excité l'indignation du Conservatoire.

Il est difficile d'abord de concevoir comment, sans égard pour ce célèbre compositeur à peine arrivé d'Italie, de prétendus amateurs de musique ont osé le fatiguer de leurs déclamations contre un établissement que M. Paisiello ne connoît encore que pour avoir reçu des artistes qui le composent l'accueil distingué qu'ils se sont toujours fait un devoir de rendre au mérite.

Mais avant que d'entrer dans de plus grands détails sur ce libelle qui n'est que le complément de ceux qu'on a insérés dans les journaux depuis neuf mois, on va faire connoître ce qui a déterminé leurs auteurs anonymes à miner sourdement une institution qui leur porte ombrage et qu'il est de leur intérêt de renverser.

Dans l'assemblée générale du conservatoire, tenue le 5 ventose an 10, le citoyen Sarrette, directeur, sachant que depuis long-temps on cherchoit à attaquer un établissement qui jouissoit de la bienveillance et de l'appui du Gouvernement, fit lecture d'un écrit intitulé, *Observations sur l'état de la musique en France.*

Cet écrit avoit pour objet, 1° de faire le tableau comparatif des diverses branches d'instruction en activité dans le Conservatoire et de celles qui existoient dans les anciennes écoles; 2° de présenter les résultats de l'enseignement depuis la fondation du Conservatoire; 3° de donner un apperçu des dépenses qu'occasionneroit l'organisation complete de l'enseignement de la musique dans toute l'étendue de la république comparativement avec ce que coûtoient autrefois en France les écoles de musique dans les établissements tenants au culte.

Ces observations, déja communiquées par le citoyen Sarrette au comité d'enseignement, avoient été faites dans l'intention de soumettre au Gouvernement un système complet d'enseignement musical. Les bases de ce travail avoient même été soumises dès l'an 5 à la commission d'instruction publique du corps législatif, et en fructidor an 9 au premier consul.

Les ennemis du Conservatoire, frappés des vues qu'elles renferment, frappés sur-tout de ce qu'elles offrent aussi les moyens de compléter, comme on vient de le dire, l'enseignement de l'art musical dans toute la république, s'en sont emparés; ils ont présenté ce dernier avantage comme provenant d'un système conçu par eux et à la faveur duquel ils accusent le Conservatoire d'insuffisance dans son organisation actuelle. Enfin ils ont attaqué ouvertement l'institution, mais sous le voile de l'anonyme, prévoyant bien que cet écrit qui existoit entre les mains de l'autorité pourroit un jour déposer contre eux, s'il venoit à être publié, et assureroit pour jamais leur défaite.

Ils prétendent que *les maîtrises des cathédrales peuvent seules former des chanteurs, des musiciens, et des sujets propres à la tragédie lyrique;* et proposent en conséquence (pag. 15 et 16 de la Lettre à M. Paisiello) *la formation de soixante maîtrises et de sept écoles de perfectionnement.*

Voici d'abord comment ils cherchent à prouver que cette formation est nécessaire:

« Les rois de France n'avoient pas, comme les puissances d'Italie, lié les institu-
« tions musicales aux institutions sociales. Nous n'enseignions pas la musique dans
« nos écoles; nous n'avions pas de ces précieux conservatoires, où, par une éduca-
« tion soignée, on prépare les premieres forces de l'enfance à assurer celles de la
« virilité. On ne conçoit pas comment Louis ne sentit pas, en créant l'académie
« royale de musique, qu'il falloit faire enseigner l'art dans les écoles de l'enfance
« pour préparer les sujets qui devoient un jour chanter et jouer à l'opéra. Cela

« paroît d'autant plus étonnant, que dès son origine ce spectacle étoit créé comme
« école de perfectionnement: or le perfectionnement suppose des études prépa-
« ratoires pour élever, par exemple, un chanteur au degré de perfection.

« On ne peut excuser cet oubli, à moins qu'on ne pense qu'à cette époque on
« pressentit que les maîtrises des cathédrales fourniroient assez de sujets conve-
« nables à l'opéra.

« Il est vrai que ces établissements religieux en ont donné, lorsqu'à la premiere
« révolution faite par Rameau dans la musique l'art prépara les Français à devenir
« dignes des bienfaits d'une seconde. Celle-ci fut l'ouvrage de l'immortel Gluck:
« il trouva dans les jeunes gens que les cathédrales avoient fournis à l'opéra une
« souplesse d'organes nécessaire à moduler le chant du sentiment et la brûlante
« expression des passions; il les forma lui-même pour ses ouvrages. Ce composi-
« teur dramatique s'immortalisa en unissant au genre de la féerie et de la mytho-
« logie, riche domaine de l'opéra, celui de la tragédie-lyrique: il a consacré la
« seconde révolution musicale par les Iphigénie, Alceste, Orphée, Armide, etc...
« rien ne manque à sa gloire... Il inspira le génie de l'auteur d'OEdipe à Colonne.

« Ces ouvrages exigent le chant en action.

« Nous avons l'obligation aux anciennes cathédrales de nous avoir préparé des
« sujets capables de joindre à leur jeu l'expression et l'accent des compositeurs. La
« difficulté d'imiter les chanteurs-acteurs sera-t-elle donc un titre pour essayer
« de jeter du ridicule sur l'énergie nécessaire à la tragédie-lyrique?

« Plaisante tant qu'elle voudra l'impuissance : il est constant et prouvé que les
« maîtrises des cathédrales nous ont donné des voix, et que l'espoir qu'il s'en for-
« mera renaît avec l'espoir que, ces écoles ouvertes, nous aurons des chanteurs
« de force et de stature héroïques.

« On a été très mal éclairé dans des temps de troubles sur l'efficacité des moyens
« de suppléer les cathédrales et de former des chanteurs.

« Le Conservatoire de Paris a été établi ; son existence, extrêmement onéreuse
« au trésor public, n'a rien produit encore, parceque les talents des grands maî-
« tres, qui honorent l'art, y sont soumis à une organisation vicieuse: le double
« essai de Sémiramis et d'Arsace en est une preuve. (Lettre à M. Paisiello,
« pages 4, 5, 6, 7, et 8). »

Nota. *On a inséré à la suite de ce recueil les observations sur l'état de la musique en France, et devant lesquelles ces déclamations tombent d'elles-mêmes, on y renvoie le lecteur.*

Les libellistes ajoutent:

« — . . . . . . Elle est donc dispendieusement prouvée depuis huit ans cette
« combinaison vicieuse des éléments nécessaires à l'instruction musicale ! et le
« moment approche où un emploi mieux raisonné de fonds considérables uti-

…isera la science des professeurs distingués, qui rougissent de ne servir qu'à l'ambition du citoyen Sarrette, tandis que leur patriotisme et leur zele les portent à desirer de voir régler l'enseignement, et à lui donner l'essor utile qu'il doit avoir. (Lettre à M. Paisiello, pages 8 et 9). »

Les observations précitées en disent assez sans doute sur *cette combinaison vicieuse dispendieusement prouvée depuis huit ans*, (quoiqu'il n'y en ait que cinq que le Conservatoire soit en activité pour l'enseignement du chant.) Quant à l'ambition du citoyen Sarrette, elle est bien réelle ; on peut s'en convaincre par la lecture de ses Observations ; les produits du Conservatoire prouvent également vers quel but elle est dirigée : rien de ce qui peut tendre au progrès de l'art musical, et par cela même augmenter la gloire nationale, n'échappe à ses vues. C'est cette ambition, si pure dans son principe, si noble dans son objet, qui lui a captivé l'estime de tous les vrais amis de l'art. C'est à lui que l'on doit la fondation d'un établissement que le gouvernement a jugé utile, qu'il a toujours protégé, et dont il a encouragé les éleves de maniere à ne laisser aucun doute à cet égard. Ils voient dans le citoyen Sarrette un administrateur zélé, s'occupant sans relâche à maintenir l'ordre dans l'établissement, faisant naître toutes les occasions d'augmenter son utilité au-dedans et sa considération au-dehors. Les membres du Conservatoire, qui rougiroient sans doute de servir l'ambition personnelle, aiment à seconder celle qui anime le citoyen Sarrette ; *leur patriotisme et leur zele* y sont intéressés, persuadés, comme ils le sont, que cette ambition qu'ils partagent tourne tout entiere au profit de leur art.

Le système des libellistes semble être d'éveiller toutes ces petites passions, et d'exciter ces honteuses querelles, à la faveur desquelles se donne une réputation d'un jour : le temps en est passé. Ceux qui ont une idée juste des beaux arts sentent qu'ils doivent être un lien dans la société, et non pas un sujet de discorde. Les prétendus amateurs de la musique dramatique se trahissent : ce n'est pas en écrivant des volumes d'injures que l'on prouve la pureté de ses intentions et la justesse de son jugement ; ce n'est pas en fabriquant

chaque jour de nouvelles diatribes que l'on manifeste son amo[ur]
pour les arts, ces doux fruits du travail, de la paix, et de la co[n]
corde; les vrais amis des arts suivent un autre chemin que celui [de]
l'intrigue, et prennent un autre langage que celui de la calomnie.

Les auteurs du libelle prétendent qu'on a repoussé du conserv[a]toire des hommes recommandables par leurs talents; ils disent:

« L'histoire de la musique, le besoin d'en bien diriger l'enseignement, étoie[nt]
« inconnus au citoyen Sarrette; la moindre connoissance de l'art, de foibles n[o]
« tions, même en littérature, lui ont toujours été et lui sont encore fort étra[n]
« geres. Cette absence du double moyen nécessaire au chef administratif d'u[ne]
« école de ce genre n'échappoit point aux observateurs... GRETRY, inspecte[ur]
« de l'enseignement, ne voulut pas rester long-temps soumis aux passions de l'ign[o]
« rance; il cessa les fonctions de sa place, et il ne fut pas le seul: LAYS, éloig[né]
« par l'intrigue, discontinua d'y donner des leçons de ce chant pur qui plaît, p[arce]
« ceque le public est convaincu que l'art n'est beau qu'en brillant sous les charm[es]
« de la nature: MARTIN et SOLIE, modeles précieux de l'aimable genre [de]
« chant, de la grace et de la gaieté, furent toujours repoussés du Conservatoi[re]
« par un homme qui ne sait pas que la variété des talents est la richesse des arts[.] »

Les pieces suivantes répondent à ces assertions.

Piece relative au Cit. Grétry.

De l'hermitage de J. J. Rousseau, à Emile Montmorenci, ce 30 prair[ial] an 10.

« Je déclare, 1° qu'ayant accepté la place d'inspecteur du Conservatoire de m[u]
« sique, je prévins dès-lors mes confreres *Gossec, Méhul, Chérubini,* et *Lesue[ur]*
« que, vu les fréquentes hémorragies auxquelles je suis sujet, je ne garderois [la]
« place que le temps nécessaire à l'installation de cet établissement indispensa[ble]
« à l'art musical, et pour lequel ils croyoient mon expérience utile; 2° que, pe[n]
« dant une année que je l'ai remplie, le plus parfait accord a régné entre no[us]
« et le citoyen Sarrette; 3° qu'enfin je n'ai donné ma démission au Ministre q[ue]
« par raison de santé et ne pouvant plus long-temps remplir exactement les d[e]
« voirs que cette place impose. »

Signé GRÉTRY.

(9)

Extrait des procès-verbaux de l'administration du Conservatoire.
Séance du 8 germinal an 7.

Pieces relatives au Cit. Lays.

Les inspecteurs de l'enseignement transmettent à l'administration une lettre citoyen Lays, professeur; suit la teneur de cette lettre:

Paris, le 6 germinal an 7.

« CITOYENS,

« L'expérience me confirme tous les jours que ma place de professeur au Conservatoire de musique est incompatible avec mes études particulieres et mes travaux dramatiques au théâtre des arts: je suis fâché d'être obligé de renoncer au laisir que je me promettois de donner à votre établissement quelques éleves lignes de lui; veuillez bien agréer mes regrets, ainsi que les sentiments de considération que je vous porte. »

Salut et fraternité,
Signé LAYS.

Voyant avec peine la retraite du citoyen Lays, l'administration, considérant la rte qui en résultera dans l'enseignement de la partie qu'il professe au conservatoire,

ARRÊTE:

Le citoyen Lays sera invité à sacrifier à l'intérêt de son art l'incompatibilité qu'il nonce exister entre ses travaux dramatiques et l'exercice de ses fonctions au nservatoire de musique, en employant tous les moyens qui sont en son pouir pour concilier ces deux services;

L'administration déclarant qu'elle n'acceptera la démission donnée par le cien Lays qu'avec le plus grand regret, et lorsque ce professeur aura médité de uveau sur la possibilité de continuer ses fonctions au Conservatoire.

La présente délibération sera adressée au citoyen Lays.

Signé au procès-verbal, Lesueur, Martini, Méhul, Gossec, Chérubini, Ernestsmann, Méon, Duret, Sarrette commissaire du Gouvernement.

Séance du 28 germinal an 7.

Le citoyen Lays répond, à la transmission de l'arrêté précité par la lettre ivante sous la date du 22 germinal.

« CITOYENS,

« Je desire autant que vous continuer mes fonctions au Conservatoire; mais je vous réitere les regrets que j'éprouve, depuis ma rentrée au théâtre des arts, de

« ne pouvoir faire preuve d'un zele égal pour ces deux établissements, si intéres-
« sants l'un et l'autre aux yeux du gouvernement qui les protege d'une maniere
« particuliere. Si cependant je dois faire quelque sacrifice à l'art que je professe,
« le prix que vous semblez mettre à mes leçons devient plus que suffisant pour me
« déterminer à vous proposer le moyen qui pourroit encore me rendre utile à
« l'enseignement: si vous accédez à ce que je continue de professer chez moi, je
« garderai avec plaisir le titre *ad honores* de membre du Conservatoire; et je
« serai jaloux de le mériter en donnant, *avec le temps*, quelque éleve qui m'en
« rende digne. Voilà, citoyens, mes intentions; puissent-elles s'accorder avec les
« vôtres ! Je me rendrai, si vous le desirez, un jour à votre assemblée ; c'est là où
« je pourrai plus aisément justifier ma conduite en ce moment, et vous détailler
« les raisons impérieuses qui la garantissent de tout blâme. »

Signé L A Y S. »

En conséquence de cette lettre l'administration invite le citoyen Lays à se rendre à sa plus prochaine séance.

Ont signé au procès-verbal les citoyens Lesueur, Méhul, Chérubini, Martini, Gossec, Méon, Duret, Ernest-Assmann, Sarrette, commissaire du Gouvernement.

Séance du 8 floréal an 7.

Le citoyen Lays, en conséquence de sa lettre en date du 22 germinal, se présente à la séance: il est invité à conférer avec l'administration sur les moyens de concilier son service au Conservatoire avec celui du théâtre des arts. Le citoyen Lays témoigne combien il est sensible au prix attaché par l'administration aux fonctions qu'il exerce au Conservatoire; mais il craint que l'ordre établi pour le service de l'enseignement n'ait à souffrir des dérogations que la conciliation de ses deux fonctions pourra nécessiter : il assure que son zele sera toujours le même pour le succès de l'établissement; d'ailleurs il voit impossibilité absolue de se rendre au Conservatoire le jour et le lendemain d'une représentation dans laquelle il auroit un rôle.

Diverses propositions sont faites: par leur résultat l'arrêté suivant est adopté.

L'administration, vu la nécessité de concilier, pour l'utilité de l'art, les fonctions du citoyen Lays au Conservatoire avec son service au théâtre des arts;

Arrête : 1° Le citoyen Lays est autorisé à continuer sa classe chez lui jusqu'au premier Prairial.

2° A dater du premier Prairial, ce professeur donnera, autant que possible, ses leçons au Conservatoire: il est autorisé à les donner chez lui, lorsque son service au théâtre l'exigera.

3º Le citoyen Lays fournira chaque mois au bureau de surveillance des classes les feuilles de présence de ses élèves aux leçons données chez lui.

Signé au procès-verbal, Lesueur, Chérubini, Gossec, Martini, Duret, Méon, Sarrette, commissaire du Gouvernement.

Deux mois et demi après, le citoyen Lays adressa une lettre, qui fut communiquée à l'administration dans sa séance du 28 thermidor.
Suit la teneur de cette lettre:

Paris, le 18 thermidor an 7.

Aux citoyens inspecteurs et administrateurs du Conservatoire de musique.

« Citoyens,

« La maniere amicale avec laquelle vous avez déja refusé une fois la démission de
« ma place au Conservatoire excitera toujours ma reconnoissance: mais je croirois
« manquer à moi-même et au sentiment généreux qui vous inspiroit alors si je
« jouissois plus long-temps de la prérogative par laquelle vous me permettez de
« donner mes leçons chez moi. Je sens combien cet avantage doit déplaire aux au-
« tres professeurs ; et le bon ordre qu'il est nécessaire que vous mainteniez dans
« l'établissement qui vous est confié exige que je renonce incessamment à un
« pareil privilege...
« Les motifs de ma derniere démission subsistant toujours, je vous prie de nou-
« veau de pourvoir à mon remplacement, et d'agréer les regrets que j'éprouve de
« ne pouvoir plus continuer à joindre mon zele au vôtre pour le succès de l'art
« musical. »

Signé, Lays.

D'après cette piece itérative de la démission donnée par le citoyen Lays le 6 germinal dernier, et refusée par l'administration en sa séance du 8 du même mois:
L'administration accepte avec le plus vif regret la démission reproduite par le citoyen Lays, et invite le commissaire chargé de l'organisation du Conservatoire à proposer au ministre de l'intérieur les moyens de concilier la conservation de cet intéressant artiste avec les motifs qui, l'empêchant de professer actuellement au Conservatoire, ont déterminé sa démission.

Ont signé au procès-verbal, Chérubini, Martini, Méhul, Ernest-Assmann, Duret, Méon, Sarrette, commissaire du Gouvernement.

En conséquence de l'invitation faite au commissaire du Gouvernement par l'administration en sa séance du 28 thermidor, relativement à la retraite du citoyen

Lays, le citoyen Sarrette écrivit au ministre de l'intérieur la lettre suivante, sous la date du 9 fructidor an 7.

Citoyen ministre,

J'ai l'honneur de vous adresser quatre pieces, cotées n° 1, 2, 3, 4; la premiere, adressée par le citoyen Lays, professeur au Conservatoire, aux inspecteurs de l'enseignement de cet établissement, exprime l'intention dans laquelle étoit ce professeur de donner sa démission en Germinal dernier; la seconde contient le refus par l'administration du Conservatoire d'accepter cette démission; la troisieme contient les mesures adoptées par l'administration, pour concilier le service de cet artiste au Conservatoire et au théâtre des arts; la quatrieme est une lettre à l'administration et aux inspecteurs de l'enseignement, dans laquelle le citoyen Lays renouvelle l'acte de sa démission.

En cet état de choses, les inspecteurs de l'enseignement considérant que la place de professeur de chant au Conservatoire, devenant vacante par la démission du citoyen Lays, ne pourroit être utilement remplie par aucun des professeurs connus existants actuellement dans la république, j'ai l'honneur de vous proposer la décision suivante:

Le citoyen Lays, membre du Conservatoire de musique, est dispensé de professer en cet établissement jusqu'au temps où, soit que ce service puisse se concilier avec celui que cet artiste remplit au théâtre des arts, soit autrement, il pourra vaquer au service de l'enseignement au Conservatoire de musique.

En conséquence, le traitement du citoyen Lays sera suspendu à dater du premier fructidor an 7 jusqu'à l'époque à laquelle ce professeur pourra rentrer en activité de service.

Le citoyen Lays, auquel j'ai communiqué la proposition que j'ai l'honneur de vous faire, y accede avec reconnoissance, parceque l'espoir d'être encore utile à son art dans l'enseignement lui est présenté en même temps que l'assurance de faire toujours partie intégrante du Conservatoire, dont il s'honore d'être membre.

Signé Sarrette.

Paris, le 4 messidor an 10.

Piece relative au Cit. Solié.

« Je déclare qu'il est faux que le citoyen Sarrette, directeur du Conserva« toire, m'ait éloigné du Conservatoire de musique; la vérité est que lors de « sa création il m'offrit une place de professeur de chant, et que depuis elle « m'a été proposée plusieurs fois. Si je ne l'ai point acceptée, c'est que mon état, et les soins qu'il exige m'ont fait voir l'impossibilité de la remplir avec l'exactitude et les soins que mérite un établissement aussi utile, et si digne de la protection du Gouvernement.

Signé SOLIÉ, artiste du théâtre Feydeau.

Paris, le 2 messidor an 10.

« Les citoyens Méhul et Berton déclarent qu'à plusieurs époques ils invi-
terent, de la part du citoyen Sarrette, le citoyen Martin à se réunir au Conservatoire; que cette invitation lui fut renouvelée à l'époque du concours qui
eut lieu le 21 brumaire an 9; et qu'en conséquence de la détermination que
prit alors le citoyen Martin, il chargea le citoyen Méhul de le faire inscrire
au nombre des candidats.

Signé MÉHUL et BERTON.

Pièce relative au Cit. Martin, actuellement en voyage.

Nota. Le citoyen Martin ne s'est pas présenté au concours.

Après ces pieces qui détruisent les assertions auxquelles elles sont relatives, on va continuer à citer les passages calomnieux du libelle qu'il importe au Conservatoire de réfuter.

« ...... Sémiramis faite par un jeune professeur dévoué à exécuter toutes
« les volontés de son protecteur, le rôle d'Arsace chanté par un éleve, de-
« voient assurer et justifier de hautes prétentions; mais la foiblesse des armes
« employées pour vaincre présageoit la défaite.

« Il seroit peu séant, monsieur, de battre ces deux champions à terre; mais
« il est important de neutraliser des efforts constamment développés pour faire
« croire que l'art avoue l'enthousiasme payé des amis, des prôneurs, et de
« quelques journalistes qui ne semblent se coaliser que pour affoiblir l'influence
« des arts sur la prospérité publique, et pour dénigrer ceux qui les cultivent. »
(Lettre à M. Paisiello, pag. 10 et 11.)

On voudroit se servir de l'opéra de Sémiramis et du début d'un éleve du Conservatoire comme d'un argument contre son organisation. On expliquera plus loin d'où vient cet acharnement contre un ouvrage et un éleve que le public a accueillis favorablement. Ce n'est ni aux libellistes qu'il appartient d'attaquer un opéra nouveau, ni aux membres du Conservatoire qu'il convient de défendre l'ouvrage d'un de leurs collegues ; c'est au public à juger, c'est au temps à condamner ou à confirmer les jugements du public, à donner aux choses leur juste valeur, à établir enfin cet équilibre dans l'opinion qui fixe la réputation et détermine le rang que chaque auteur doit occuper.

« ..... Apollon fut à peine descendu dans les campagnes d'Admete que les « bergers vinrent invoquer le dieu de la lumiere.

« Vous marquerez et vous consacrerez, monsieur, l'époque à laquelle un « cri général demande une révolution administrative dans le régime auquel se « trouve assujettie la musique. » (Lett. à M. Paisiello, pag. 12.)

Il est inutile de faire sentir le ridicule de cet appel fait à un étranger respectable *pour opérer une révolution dans le régime auquel se trouve assujettie la musique*; et n'est-ce pas pousser l'indécence bien loin que de vouloir faire de M. Paisiello l'instrument d'une pareille révolution ?

« ..... Peut-on oublier que nous devons à Gluck Iphigénie en Aulide, Iphi- « génie en Tauride, Orphée, Alceste, Écho et Narcisse, Armide; à Piccini, « Iphigénie en Tauride, Didon, Roland, et Athys; à Sacchini, Renaud, Chi- « mene, Dardanus, Oedipe à Colonne, et Arvire et Evélina; à Salieri, les « Danaïdes, et Tarare; à Vogel, la Toison d'or, et Démophon; à Lemoine, « Phedre, Nephté, et les Prétendus; à Grétry, la Caravane, Panurge, Ana- « créon, Andromaque, Aspasie, et Colinette à la cour; à Philidor, Ernelinde, « et Persée; à Mozart, les Mysteres d'Isis; à Méhul, Adrien; à Fontenelle, « Hécube; à Kreutzer, Astianax; à Porta, les Horaces?

« Ce riche répertoire, domaine du Gouvernement qui paie, on néglige à « dessein d'en développer les trésors au public, afin de persuader que tous ces « beaux ouvrages sont des antiquailles à remplacer par.... des Sémiramis !

« Ces ouvrages sont une vraie mine d'or pour l'opéra; mais on se garde « bien de l'exploiter; ce seroit présenter un objet de comparaison peu favo- « rable aux novateurs. » (Lett. à M. Paisiello, pag. 13 et 14.)

Les affiches prouvent qu'on n'a point négligé l'ancien réper- toire (1). C'est d'ailleurs l'administration de l'opéra, et non celle du Conservatoire, qui décide la mise au théâtre des divers ouvrages.

---

(1).... Messieurs les amateurs se plaignent de ce qu'on ne joue plus Iphigénie en Aulide, qu'on a jouée il y a trois semaines; Alceste, qu'on a jouée il y a quinze jours; Didon, qu'on a jouée la semaine passée; Armide, qu'on a jouée hier. (Journal de Paris du 1er. messidor an 10).

De ce que l'on a donné un opéra nouveau, les libellistes veulent tirer cette conséquence insidieuse que le Conservatoire est partisan de tel ou tel maître.... Son respect pour les talents qui ont illustré la scene lyrique n'est point équivoque, et il a prouvé qu'il savoit honorer le mérite dans toutes les écoles.

« Le général victorieux et pacificateur a senti le besoin de donner plus de
« force au traité musical fait entre les trois peuples : vous êtes avoué le pléni-
« potentiaire de l'un et des deux autres; présentez-lui nos vœux; indiquez-lui
« les réformes que le bien de l'art exige, et démontrez-lui le besoin du rétablis-
« sement des écoles musicales. L'organisation des cultes rétablit en France
« soixante cathédrales; chacune d'elles peut avoir une maîtrise : la dépense, que
« le citoyen Sarrette n'a point utilisée depuis huit ans, sera mieux employée
« si elle est répartie sur chacune de ces écoles.

« Les élèves qui en sortiront avec des dispositions pour le chant entreront
« dans sept écoles de perfectionnement, dont six seront fixées dans les six plus
« grandes villes de France, parceque le luxe y favorise plus particulièrement le
« développement et les progrès des arts d'agrément; la septieme école de per-
« fectionnement sera à Paris : elle doit être divisée en trois sections placées dans
« différents quartiers : dans la premiere on enseignera le solfege et le chant;
« dans la seconde les instruments; dans la troisieme la théorie musicale et la
« composition.

« Un inspecteur-général se rendra tous les ans dans les écoles premieres, y
« distinguera les éleves qu'il pourra faire passer dans les écoles de perfectionne-
« ment : dans les visites qu'il fera de ces dernieres, il désignera les élèves qui
« conviendront à l'opéra.

« Ce théâtre, école lyrico-dramatique, recevra ceux que des talents et des
« dispositions physiques auront fait distinguer; il reprendra sous un maître de
« perfection du chant, et sous des maîtres de scene, les institutions qui con-
« serverent jusqu'aujourd'hui les traditions qui font encore l'admiration des
« étrangers, charmés de l'éclat et de la magnificence de ce spectacle. Les pro-
« fesseurs habiles, que l'ambition du citoyen Sarrette enchaîne, seront libres
« de justifier le droit qu'ils ont aux faveurs et à la protection du Gouverne-
« ment.

« Ainsi se neutraliseront les efforts que fait un seul homme pour asservir à
« sa domination l'art musical en France; ainsi sera détruite la funeste influence
« que le citoyen Sarrette a acquise : il commande l'asservissement de l'opéra à
« l'autorité qu'il s'arroge. » (Lettre à M. Paisiello, pag. 15, 16, 17.)

Les observations sur l'état de la musique renferment, comme

on peut le voir, un plan, dont une partie adoptée par le Gouvernement est en activité dans le Conservatoire.

On a déja expliqué comment les libellistes s'étoient emparés de l'idée relative au complément de l'enseignement musical dans toute la république, pour s'en servir comme d'un argument contre l'organisation actuelle du Conservatoire : ils different cependant par les moyens d'exécution. Et les vices de ces moyens sont démontrés dans les observations dont il s'agit.

« Elle (cette organisation) consacrera un emploi fait avec discernement des
« fonds concentrés dans une capitale, où la dissipation et la corruption n'ont pas
« permis et ne permettront jamais aux enfants de profiter de la dépense que
« fait depuis huit ans le Gouvernement pour former des voix au Conservatoire
« de Paris.

« Elle aura l'avantage de faire choisir dans les divers climats de la France
« les genres de voix que la nature sait y varier. » (Lett. à M. Paisiello, pag. 18.)

Le Conservatoire, il faut l'observer pour la seconde fois, n'est en activité que depuis cinq ans pour l'enseignement du chant; c'est une petite erreur échappée aux libellistes et qu'il est important de relever : ce n'est pas en aussi peu d'années que l'on *forme des voix*. Quant à l'avantage de faire choisir dans les divers climats de la France *les genres de voix que la nature sait y varier*, cet avantage a été également démontré dans les Observations sur l'état de la musique, plusieurs années avant l'existence du libelle, comme on l'a prouvé.

« Le citoyen Sarrette a fait faire une souscription dont l'objet est de lui ériger
« un buste. » (Note de la lettre à M. Paisiello, pag. 22.)

Une lettre, insérée dans le journal du Commerce du 29 prairial an 10, et signée JANSON, a rendu public le libelle diffamatoire dont on vient de rapporter quelques passages ; et qui n'étoit destiné, suivant l'expression de ses auteurs, qu'à éclairer l'autorité.

Le citoyen Janson, en faisant connoître qu'il ne partageoit point le vœu de ses collegues, a donné, par les termes de sa réclamation, une apparence de réalité à un mensonge, et a essentiellement compromis le Conservatoire, 1°. en publiant un vœu, qui d'abord n'est pas celui que les membres du Conservatoire ont émis, comme on prouvera bientôt, et qui dans tous les cas ne devoit pas être oublié sans l'assentiment de ceux qui l'avoient formé; 2°. en mettant le Conservatoire dans la nécessité d'entretenir le public de calomnies sur lesquelles il auroit gardé le silence, sans cette publicité qui le force, par les raisons qu'on a déja données, à dévoiler enfin la conduite des auteurs de cette lutte scandaleuse qu'il est temps de faire cesser pour jamais, et qui est directement opposée à l'esprit de paix qui a toujours régné dans l'établissement.

Revenons à la prétendue souscription dont il s'agit.

Pour faire sentir tout ce que les calomnies dirigées contre le citoyen Sarrette ont d'odieux; pour faire connoître l'étendue des services qu'il a rendus à l'art musical, et les raisons qui doivent le rendre cher à tous les membres du Conservatoire, il suffira de dire quelle fut l'origine de cet établissement :

Quarante-cinq musiciens provenant du dépôt des Gardes Françaises formerent, en 1789, le noyau de la musique de la Garde Nationale parisienne.

Origine du Conservatoire.

Ils furent réunis au moment de la révolution par le citoyen Sarrette (1). En mai 1790, les avances qu'il avoit faites lui furent remboursées; le corps de Musique passa aux frais du corps Municipal, et complété au nombre de 78 musiciens, il

---

(1) *EXTRAIT du registre des délibérations du bureau de ville; du 4 mai 1790.*

Sur la représentation faite par M. de la Noraye, que depuis la révolution quarante-cinq musiciens des ci-devant gardes-françaises ont continué à faire le service sans être attachés à aucune compagnie, le réglement provisoire n'ayant rien statué sur la musique, M. Sarrette, citoyen du district des Filles S. Thomas, sur l'autorisation de M. le commandant-général, s'est chargé de ces musiciens depuis cette époque qu'il les a fait servir par-tout où il a été nécessaire, qu'il les a soldés, habillés, et entretenus d'instruments.

Le bureau, sur les observations qui lui ont été présentées par M. le commandant-général dans une de ses séances précédentes, a arrêté que M. Sarrette présenteroit son mémoire et ses pieces justificatives de dépense au département du domaine, et a autorisé ce département à l'acquitter après en avoir examiné tous les articles, sauf à prendre des mesures pour l'entretien futur de la musique de la garde nationale.

Signé DESMOUSSEAUX, membre et secrétaire du bureau.

continua le service de la garde parisienne, et fit celui des fêtes nationales.

Ce fut alors que sur les pressantes invitations du cit. Sarrette plusieurs artistes recommandables se réunirent au corps de Musique.

En janvier 1792, époque de la suppression de la Garde Nationale soldée, le corps Municipal n'ayant plus de fonds disponibles pour cet objet (1), le cit. Sarrette resta encore chargé de l'entretien

---

(1) *EXTRAIT du registre des délibérations du corps municipal, commune de Paris; du 7 décembre 1791.*

Sur le rapport fait par les commissaires de la garde nationale d'un mémoire des musiciens attachés à la garde nationale, par lequel ils exposent la nécessité de pourvoir à leur conservation;
Le corps municipal,
Le substitut adjoint du procureur de la commune entendu,
Arrête que M. le maire enverra incessamment au directoire du département une copie du rapport des commissaires de la garde nationale, avec prière d'approuver l'accueil que le corps municipal fait à la pétition, et d'indiquer les fonds nécessaires au service et à l'entretien de cet établissement. Signé Pétion, maire, Dejoly, secrétaire-greffier.

LETTRE de M. Pétion à M. Viguier de Curny.

Paris, le 9 janvier 1792.

J'ai l'honneur, monsieur, de vous faire passer la réponse que je reçois à l'instant de MM. les administrateurs composant le directoire du département relativement à l'arrêté de la municipalité, qui ordonne que votre rapport sur la musique de la garde nationale parisienne seroit communiqué au directoire. Signé Pétion.

LES administrateurs composant le directoire du département au C. Pétion, maire.

Paris, le 7 janvier 1792.

Le directoire, monsieur, ne peut rien statuer quant à présent sur la musique de la garde nationale parisienne : c'est une dépense municipale qui doit faire partie, s'il y a lieu, de toutes celles dont le tableau est attendu par le directoire et qu'il examinera.

Cette musique, considérée sous le point de vue d'école nationale de musique militaire, ne peut être instituée que par l'assemblée nationale, et les vues peuvent être bonnes à lui présenter lorsqu'elle s'occupera de l'éducation générale.

Signé Larochefoucauld, président, Anson, vice-président, Germain Garnier, J. L. Brousse, Davous, Déméunier.

des artistes. Cet état dura jusqu'au mois de juin de la même année. La dissolution entière des écoles entretenues par les fondations du culte entraînant la destruction totale de l'enseignement de la musique, le cit. Sarrette sollicita au nom des Artistes, et obtint de la Municipalité de Paris l'établissement d'une école gratuite de Musique (1).

Cette institution réunit et retint à Paris plusieurs artistes célèbres qui se disposoient, à la fin de 1792, à quitter le territoire français.

L'école que les artistes formerent fournit pendant la guerre ces nombreux corps de musique nécessités par la levée des 14 armées.

---

(1) *EXTRAIT du registre des délibérations du conseil-général de la commune de Paris; du 9 juin 1792 l'an 4e.*

Le conseil-général, après avoir entendu le rapport de M. Viguier-Curny, sur le projet d'un établissement d'école gratuite de musique de la garde nationale parisienne, déjà soumis au corps municipal;

Le procureur de la commune entendu,

Arrête, conformément à l'offre faite par le corps de la musique de se charger de cent-vingt élèves qui seront instruits gratuitement, qu'il sera présenté par chacun des soixante bataillons les jeunes gens, fils de citoyens servant dans la garde nationale, âgés de dix à seize ans pour ceux qui n'auroient encore aucune notion de musique, et de l'âge de dix-huit à vingt ans pour ceux qui seroient déjà musiciens, lesquels seront désignés chacun par le commandant de leur bataillon aux chefs de leurs légions respectives, qui les adresseront au commissaire de la garde nationale, pour être inscrits au nombre des élèves de la musique;

Déclare que, pour jouir des avantages de cette école, chaque élève sera tenu de se pourvoir d'un habit uniforme de la garde nationale, comme aussi de se fournir d'instruments et de papiers de musique.

Arrête que pour le régime intérieur de l'école les commissaires de la garde nationale présenteront un réglement pour être revêtu de l'approbation du corps municipal et du conseil-général de la commune;

Arrête au surplus que la municipalité ne sera tenue d'aucune autre dépense relative à cet établissement d'instruction d'élèves, que des prix qui seront distribués annuellement aux sujets qui se seront distingués dans l'art de la musique;

Arrête en outre que le rapport du commissaire, ensemble le réglement, seront imprimés pour être envoyés au commandant-général de la garde nationale, aux chefs de légions, et aux commandants de bataillons, pour être mis à exécution avant le premier juillet prochain.

Suit le réglement pour l'école gratuite de musique établie sous l'inspection de la municipalité.

Signé COLOMBEAU, secrétaire-greffier.

Le Gouvernement, vu les services rendus chaque jour par l'Ecole de Musique, fixa les fonds nécessaires au traitement des professeurs.

En brumaire an 2, la Convention nationale adopta le principe d'organisation du Conservatoire, sous le titre d'Institut national de Musique. Cet établissement continua avec ses nombreux élèves le service des fêtes publiques.

L'Institut national de Musique fut à cette époque un asyle pour les talents; et les artistes nationaux et étrangers qui ne faisoient point partie de cet établissement y trouverent même un appui.

Enfin le 16 thermidor an 3, une loi fixa définitivement l'organisation de l'Institut national, et lui donna le nom de Conservatoire de Musique.

Les professeurs du Conservatoire ne peuvent qu'honorer celui qui a provoqué la formation d'un établissement dont ils se font gloire d'être membres, celui qui l'a administré avec autant de dévouement pendant douze années.

Témoins du courage avec lequel il a repoussé tous les traits dirigés contre l'institution; témoins de ses efforts constants pour justifier la confiance du Gouvernement, ils ont cédé à l'impulsion de leur reconnoissance et ont cru qu'il convenoit, au moment où l'on redoubloit les clameurs, de manifester d'une maniere durable les sentiments dont ils étoient animés; en conséquence, à l'insçu du cit. Sarrette, ils ont arrêté ce qui suit:

Paris, le 2 germinal an 10.

Les membres du Conservatoire de Musique considérant que c'est aux soins du citoyen Sarrette, directeur du Conservatoire, qu'ils doivent la formation et la conservation de l'établissement depuis les premiers instants de la réunion des artistes qui le composent; voulant établir d'une maniere durable la preuve des sentiments qui les animent, et transmettre aux artistes qui par la suite seront appelés à partager leurs travaux, les motifs de la reconnoissance due à celui dont la sollicitude active a opéré la fondation du Conservatoire;

ARRÊTENT:

Il sera élevé par le Conservatoire de Musique un monument de la gratitude des membres de cet établissement envers le citoyen Sarrette;

Une commission de cinq membres sera nommée en assemblée générale pour occuper des moyens de remplir le vœu des membres du Conservatoire ;
Les vues de cette commission seront présentées sous dix jours à l'assemblée ǵnérale.

Signé C. Duvernoy, Widerkehr, Frédéric Duvernoy, Marciliac, Méric ehn, Gossec, X. Lefevre, Gébauer, Buch, Duverger, Le Gendre, Ernest ssmann, Levasseur, Braun, Duret, Mollet, Aubert, Guerillot, Schwent, ɔgat, Méon, Grasset, Schneitzhœffer, Hardouin, Guthmann, Mathieu, mrock, P. Rode, Blasius, Baudiot, Baillot, Garat, Delcambre, Hugot, Séjan, ɩgazon, P. Blasius, Adrien l'aîné, Plantade, Sponheimer, Catel, Lasuze, ɹichard, J. Lefebvre, Solere, Fasquel, Veillard, Vinit, Persuis, L. Pradere fils, llantin, Méhul, Martini, Ozi, L. Lefevre, Wanderlick, B. Romberg, Domːh, Lahoussaye, Adam, Tourette, Langlé, B. Mozin, H. Berton, Cheruɩi, Boieldieu, Eler, Richer, Kreutzer, Guenin, Ladurner, Monsigny, ɩrard.

Il faut d'abord observer qu'il n'est pas ici question de souscription. ɩ Conservatoire, par un régime particulier qu'il a adopté comme sociation de famille, a des fonds destinés aux dépenses qu'il juge voir faire.

On voit ensuite qu'il ne s'agit pas d'un buste, mais d'un monuːnt de gratitude destiné à transmettre aux artistes qui seront r la suite appelés à partager les travaux du Conservatoire, les ɔtifs de leur reconnoissance ; or, un buste ne peut transmettre s motifs. Cette interprétation est doublement fausse en ce qu'elle à la fois contraire et à l'esprit et aux termes de l'arrêté. Le u seul que renferme cet arrêté, inscrit dans l'intérieur du Convatoire, eût été un monument de gratitude aussi simple dans ɩ exécution que juste et naturel dans son objet.

Tel est, « *l'hommage commandé par la crainte chez des sous-ripteurs de buste, qui n'osent rompre la chaîne qui les asservit.*» ettre à M. Paisiello, pag. 22.)

ɔalomniateurs ! qui osez attaquer des artistes dans ce qu'ils ont plus cher, leur indépendance ; il ne vous est point donné de ɩnoître en quoi ils font consister leur fierté. Vous qui vous écriez ɔ *la liberté seule a des droits sur les arts*, vous ignorez sans doute ɔ les droits de la liberté n'excluent point ceux de la reconnoissance; vous ignorez que la reconnoissance est le lien le plus sacré de la société; que c'est elle qui partage les hommes en deux classes, les gens de bien et les méchants; que les premiers regardent comme le plus saint des devoirs de ne jamais oublier les services rendus, et que les derniers, sans pudeur et sans foi, osent décorer du nom de liberté ce qui n'est qu'ingratitude! Et quel autre intérêt que celui de la gloire de l'art musical attache les membres du Conservatoire à cet établissement? C'est parcequ'ils le croient fait pour marcher à ce but qu'ils honorent celui qui fait tout ce qu'il doit pour l'y conduire. Où sont les places ou les faveurs qu'ils attendent? Ils doivent tout à leur travail; ils trouvent dans leurs talents la garantie de leur indépendance; et l'estime de leurs concitoyens, seul bien qu'ils ambitionnent, les vengera de vos outrages.

Après avoir réfuté les calomnies insérées dans la lettre à M. Paisiello, il reste à parler de l'article du Censeur du 18 germinal, où l'on cherche à peindre l'institution comme dangereuse pour les mœurs, parcequ'elle admet à la fois l'instruction des deux sexes (1).

---

(1) Cet article étoit une réplique à la lettre insérée par le Conservatoire le 6 Germinal an 10 dans les papiers publics, pour réfuter les assertions calomnieuses renfermées dans le libelle intitulé *Le Russe à l'Opéra*. (on va transcrire ici cette lettre.)

Le secrétaire du Conservatoire de musique au rédacteur du.....

Paris, 6 germinal an 10.

CITOYEN,

L'administration du Conservatoire de musique, d'après le vœu des membres de cet établissement, desire que vous veuillez faire connoître à vos lecteurs,

1°. Qu'il est faux que le Conservatoire de musique coûte environ 500,000 francs par année; il est porté dans le crédit du ministere de l'intérieur pour 230,000 francs, toutes dépenses comprises;

2°. Qu'il y a un bureau de surveillance permanent dans le Conservatoire de musique pour la police des élèves;

3°. Que les femmes reçoivent l'instruction dans un corps de bâtiment séparé de celui contenant les classes des hommes;

4°. Qu'il y a une salle adhérente aux classes des femmes pour recevoir les parents ou surveillants des élèves femmes;

5°. Que lorsque le besoin de l'enseignement exige la réunion des deux sexes pour l'étude, les parents ou surveillants sont appelés à rester dans les classes où ces réunions ont lieu;

6°. Que, depuis la fondation du Conservatoire, aucune atteinte n'a été portée aux mœurs, dans son enceinte.

Une réponse plus détaillée aux articles calomnieux insérés dans les feuilles du Courier des Spectacles, sous la date des 5 et 6 germinal courant, seroit une injure au Gouvernement, etc.

Les observations sur l'état de la musique font sentir l'avantage et la nécessité même de faire participer les femmes à l'instruction musicale, instruction qu'elles ne recevoient pas dans les anciennes écoles. C'est à l'organisation intérieure d'un établissement à prévenir les désordres qui pourroient en résulter ; c'est aux réglements à empêcher qu'il ne soit porté aucune atteinte aux mœurs. Dans la réponse faite au nom de l'administration du Conservatoire à ce sujet, on est entré dans des détails suffisants pour prouver que rien n'étoit négligé pour maintenir la décence dans l'établissement. On doit ajouter, comme on l'a déja fait, *qu'une plus grande explication seroit injurieuse pour le Gouvernement qui revoit successivement tous les détails de l'organisation intérieure.* Ce ne sont point des articles de la nature de ceux insérés dans le Censeur qui peuvent mériter la croyance du public, et l'on ne peut supposer que le lecteur choisisse, entre deux assertions, celle d'un prétendu ami de la vérité qui n'a garde de se nommer, et qu'il ajoute foi à des calomnies au préjudice d'un établissement, placé sous l'inspection immédiate de l'autorité. Au surplus, voici l'explication du libelle : L'auteur ne veut point de femmes au Conservatoire, et la raison en est simple, c'est qu'il veut soixante maîtrises de cathédrales. On voit qu'il s'entend à merveille avec les *amateurs de la musique dramatique*, et que le système de calomnie ne sauroit être mieux suivi.

Le Conservatoire a fait connoître comment on cherchoit à dissoudre l'établissement pour former de nouvelles écoles, et par quels moyens on avoit cherché à lui faire perdre la confiance publique : il va dire quelle fut l'origine de cette guerre scandaleuse.

C'est avec douleur qu'on a vu l'un des membres de cet établissement, le citoyen Lesueur, faire imprimer un écrit intitulé : *Lettre en Réponse à Guillard, sur l'opéra de la Mort d'Adam*, etc. On ne peut se dissimuler que cette brochure n'ait été le signal de la discorde, et n'ait donné lieu à tous les libelles qui ont paru depuis sous le titre *du Russe à l'Opéra*, de *la Fantasmagorie des Menus de la Lettre à M. Paisiello*, ainsi qu'à une infinité d'articles insérés dans les journaux, et dont le sens se trouve dans la brochure du citoyen Lesueur.

Une fable absurde fut jetée en avant pour être aussitôt combattue, et quelques libelles répétant cette fable, retentirent du bruit que la destruction du Théâtre des Arts étoit provoquée. Tel est le thême sur lequel le citoyen Lesueur a cherché à étayer les réclamations les moins fondées. Il a réclamé pour un tour de mise au théâtre qui étoit assuré à son opéra de la Mort d'Adam, *et que jamais personne ne lui a contesté.*

Voici deux lettres adressées par le ministre de l'intérieur au cit. Lesueur, et qui vont le prouver (1).

Paris, le 4 frimaire an 10.

Le Ministre de l'intérieur au citoyen Lesueur, *au Conservatoire.*

» J'AI reçu, citoyen, avec votre lettre du 17 brumaire, la brochure que vous
« avez bien voulu m'adresser.

« En publiant cette brochure vous vous êtes proposé deux objets :

« Le premier de reclamer contre les motifs qui ont empêché la représentation
« de la *mort d'Adam*, à l'époque que j'avois indiquée ; le second de vous élever
« contre l'intention où l'on pourroit être de détruire le *grand Opéra français.*

« Vos réclamations sur le premier objet, citoyen, ne me paroissent pas plus
« fondées que vos inquiétudes sur le second ; des assertions positives me prou-
« vent que le retard apporté à la représentation de la mort d'Adam n'est
« que la suite de celui que vous avez mis à livrer les partitions de votre mu-
« sique.

« Quoi qu'il en soit, j'ai enjoint à l'administration du Théâtre des Arts de
« me rendre compte, décade par décade, des dispositions faites pour la mise
« de votre opéra. Vous voudrez bien de votre côté, citoyen, lui fixer l'époque
« précise où votre ouvrage sera en état d'être représenté.

« Quant aux inquiétudes que vous exprimez sur la situation du Théâtre des
« Arts, la publicité à laquelle vous les livrez peut seule donner quelque con-
« sistance à des bruits trop dénués de fondement pour que l'autorité consente
« à les démentir.

« Je m'éléverois moins vivement, citoyen, contre l'effet que peut produire

---

(1) Ces lettres, communiquées dans le temps, par ordre du ministre de l'intérieur, aux artistes du théâtre des arts et à ceux du Conservatoire, sont publiées avec autorisation.

la publication de votre brochure, si l'auteur étoit moins connu par ses travaux, par ses succès, et par les fonctions qui lui sont confiées dans la partie même sur laquelle il écrit.

Signé CHAPTAL ».

Paris, le 24 frimaire an 10.

Le Ministre de l'intérieur au citoyen Lesueur.

« L'estime et la considération que m'avoient inspirées votre personne et vos talents, citoyen, ne m'ont pas permis de voir sans une profonde affliction que vous ayez engagé des débats qui reposent sur des principes aussi faux qu'ils seroient absurdes.

« On a, dites-vous, retardé par tous les moyens possibles la mise de l'opéra de la *mort d'Adam*.

« On veut, ajoutez-vous, détruire l'Opéra français.

« D'abord il est faux qu'il y ait eu dessein de retarder la mise de votre opéra ; l'ordre de le mettre à l'étude a été donné, et nul n'a réclamé contre son exécution.

« Mais, fût-il vrai qu'on eût ordonné de différer cette représentation, de quel droit pourriez-vous vous en plaindre ? le Gouvernement, qui fait des frais énormes pour l'entretien de l'Opéra, ne doit-il pas mettre au nombre de ses devoirs quelques considérations d'économie, de convenances, de succès ? suffira-t-il de faire un opéra pour en forcer la représentation ? depuis quand un auteur a-t-il osé prétendre disposer du trésor public ?

« Ainsi il est faux qu'on ait voulu retarder la mise de la *mort d'Adam :* mais l'ordre en eût-il été donné, vous n'auriez pas le droit d'accuser le Gouvernement.

« Votre seconde assertion est une fable que vous avez ourdie dans l'intention de vous faire un parti. Le Gouvernement connoît comme vous toute la gloire de l'Opéra français; comme vous il rend justice aux grands talents qui l'illustrent : il fait plus, il donne chaque jour de nouvelles preuves de ses sentiments à cet égard. Pourquoi donc porter méchamment l'inquiétude dans l'ame des honnêtes artistes qui ne sont occupés que de leur devoir ? pourquoi appitoyer le public sur le sort de ces hommes distingués qu'il applaudit et qu'il aime ?

« Le Gouvernement cherche à perfectionner, et non à détruire ; il veut multiplier les jouissances du public, et non les éteindre ; et je vois avec peine qu'en calomniant quelques uns de ses agents, vous n'avez pas même su rendre justice à ses intentions.

Signé CHAPTAL. »

On ne peut rien ajouter à ce qu'on vient de lire, on observera seulement que la suite naturelle des ordres donnés, comme on le voit, par le ministre, étoit la représentation de la Mort d'Adam mais c'est alors que le citoyen Lesueur retire sa piece, et veut faire croire par ce coup d'éclat qu'il est persécuté.

Quand les ennemis du Conservatoire ont vu un inspecteur de l'enseignement attaquer, non pas nominativement, mais d'une manière indirecte, et cependant assez claire pour lever tous les doutes le directeur même de l'établissement et l'un des professeurs, sous prétexte que des intrigues multipliées empêchoient la mise au théâtre de la Mort d'Adam, ils ont redoublé d'audace, ils ont déclamé contre les productions du Conservatoire, contre son administrateur, contre tous les professeurs; ils ont été jusqu'à peindre l'institution comme dangereuse pour les mœurs, et n'ont rien négligé enfin pour amener la dissolution favorable à leurs projets.

Il est remarquable qu'au milieu de leurs déclamations ils ont toujours trouvé le moyen de parler de l'opéra de la Mort d'Adam d'accuser d'intrigues quelques membres du Conservatoire, d'appuyer d'une maniere directe les assertions vagues du C. Lesueur, et de représenter *d'après lui-même* la majorité du Conservatoire comme cédant à l'influence de quelques hommes....

En voici la preuve complete :

Il n'est que trop vrai que le C. Lesueur, membre d'un jury qui avoit été nommé par le ministre de l'intérieur le 27 ventose an 8 a divulgué ce qui s'y étoit passé, malgré le serment fait par tous les jurés de ne rien révéler des opérations relatives à la réduction du nombre des professeurs, réduction ordonnée par le Gouvernement pour des raisons d'économie.

Il est dit, dans la 4ᵉ partie de la lettre à Guillard (pag. 57 et 58), que
« *dans les arrangements d'alors* un professeur (qu'on s'abstient de nommer
« ici) eut le malheur d'être la victime du babil influent de certaines personnes
« sans expérience, qui, jetées en avant pour l'éviction projetée de.... eussent
« mieux fait (vu l'importance qu'on veut bien leur supposer) de se réunir aux
« nombreux artistes qui défendoient le maître dont je vous parle (1), que de

---

(1) Cette révélation est inexacte ; un seul artiste réclama en faveur du C.***, et ce ne fut pas le C. Lesueur.

« profiter de cette prétendue et circonstancielle importance pour oser s'op-
« poser à son maintien. »

En vain le C. Lesueur oppose-t-il que le fait étoit public; lui seul l'ayant fait imprimer, on ne peut en imputer la révélation qu'à lui seul; et c'est en outre faire injure à tous les membres du jury que de supposer, comme il le fait, qu'ils se sont laissés influencer dans les fonctions pénibles et délicates dont ils étoient chargés: ils n'ont cédé à aucune considération personnelle ou particuliere, et sont demeurés aussi fideles à la voix de leur conscience qu'à leur serment.

Un pareil oubli de ses devoirs devient encore plus grave quand on y ajoute le peu de franchise avec lequel le citoyen Lesueur attaque des membres du Conservatoire, sans jamais les nommer, mais en les désignant dans les termes les plus injurieux et de maniere à ce que pas un lecteur de bonne foi ne puisse douter de ses intentions. Une seule proposition a été répétée plusieurs fois à l'auteur de la lettre à Guillard, celle de nommer les individus qu'il a prétendu désigner : il a toujours refusé ce moyen loyal d'expliquer sa funeste brochure, que l'on doit regarder, d'après ce qui a été dit, comme la source de tout le mal. Et c'est un artiste dont la mission spéciale est d'encourager les talents naissants et d'aider à leurs développements qui dirige tous ses efforts contre *les jeunes aspirants*, qu'il devoit, aux termes de son contrat, soutenir et favoriser! c'est un inspecteur de l'enseignement qui allume les premieres torches de discorde dans un établissement où il est admis pour s'occuper des progrès de l'art, et qui met en jeu les passions et les divers intérêts de ceux qui n'attendoient qu'une occasion favorable pour attaquer le Conservatoire afin de s'élever sur ses ruines !....

On laisse au lecteur à tirer les conséquences d'une pareille conduite.

Vivement affectés de ces débats qui fatiguent le public et ne peuvent être que nuisibles aux succès de l'enseignement, les membres du Conservatoire n'ont point prétendu répondre aux libellistes ni à la lettre du cit. Lesueur, et engager ainsi une lutte scandaleuse ; ils n'ont voulu que faire connoître la vérité, et réfuter des calomnies par des preuves..... Ce devoir est rempli.

Les membres du Conservatoire de Musique,

Signé Gossec, Méhul, Chérubini, Martini, Monsigny, Langlé, Catel, Baillot, Boieldieu, Vinit, Delcambre, Dugazon, F. Duvernoy, Baudiot, Eler, Garat, C. Duvernoy, Lasuze, Hugot, Kreutzer, X. Lefèvre, Ozi, Plantade, Richer, Sallantin, Adrien, Aubert, Ernest-Assmann, Domnich, J. Blasius, Braun, Buch, Duret, Duverger, Fasquel, Gébauer, Gérard, Gobert, Guerillot, Guichard, Guthmann, Grasset, Kenn, J. Lefebvre, Marciliac, Legendre, Méon, Méric, Mollet, B. Mozin, L. Pradere, Rogat, Adam, Schneitzhoeffer, Schwent, Simrock, Soler, Sponheimer, Tourette, Veillard, Wanderlick, L. Jadin, Widerkehr, P. Blasius, Guénin, Séjan, Hardouin, Ladurner, B. Romberg, L. Lefèvre, Mathieu, H. Berton, P. Rode, Levasseur, Lahoussaye.

OBSERVATIONS

Sur l'état de la Musique en France.

par le C.en Sarrette.

Jusqu'en 1789 la France fut le pays où l'on dépensa le plus pour cultiver la musique; cependant les moyens qui furent employés, quoique très multipliés (1), produisirent peu de fruits, et ne servirent point au perfectionnement de cet art : tout annonce même que son enfance se seroit long-temps prolongée, sans l'essai de l'opéra italien, fait, en 1645, par le cardinal Mazarin.

Le succès brillant de l'*Orfeo e Euridice*, en 1647, détermina le goût national en faveur de ce genre de spectacle, et fit naître le desir de le transporter sur la scene française. Ce fut en 1659 que le premier opéra sur un poëme français fut exécuté à Issy.

Depuis l'époque de l'établissement de l'opéra français tous ses moyens se sont tellement perfectionnés, qu'il est devenu le spectacle le plus brillant de l'Europe. Pourquoi la seule partie du chant est-elle toujours restée en arriere? n'est-ce pas parcequ'en naturalisant en France ce genre de spectacle, il auroit fallu naturaliser aussi les moyens de reproduction et de conservation qui lui étoient nécessaires? l'établissement d'écoles propres à l'étude de toutes les parties de l'art devoit suivre la création de l'opéra : on n'y songea pas; et cette imprévoyance, qui livra ce spectacle à toute l'influence de l'enseignement des maîtrises, fut la source du mauvais goût qui caractérisa long-temps le chant français.

Cette influence fut d'autant plus immédiate, qu'on fut presque toujours obligé de recruter les théâtres lyriques de sujets formés dans les écoles entretenues par le clergé pour le service du culte.

---

(1) Ces moyens consistoient dans les nombreuses écoles de musique entretenues pour le service du culte, et connues sous le nom de *maîtrises*.

Si le grand opéra eût été conservé italien, ainsi qu'il avoit été établi, et comme ceux qui le furent par la suite dans les principales cours de l'Europe, il se seroit entretenu d'artistes formés par les conservatoires d'Italie, et le bon goût de ces écoles auroit balancé ou proscrit le mauvais goût des cathédrales ; mais le génie du dix-septieme siecle voulut que la langue française, épurée et fixée par les écrivains qui l'illustrerent, devînt aussi la langue du théâtre-lyrique. Alors parurent les poëmes de Quinault, qui sont encore consultés comme des modeles. Cette volonté patriotique marquée du caractere de grandeur qui distingua ce siecle auroit influé sur l'art musical, comme sur tous les autres, s'il n'eût pas été laissé dans les mains du clergé, dont *le but ne pouvoit être de former de artistes pour le théâtre*. L'instruction de la musique, restant entierement subordonnée aux usages du culte, ne put suivre la marche rapide des sciences et des arts pendant cette époque brillante.

Les moyens de conservation et de reproduction de l'art musical en France se trouverent donc circonscrits dans l'enseignement des maîtrises. Quels étoient ces moyens? quant à la composition, le contre-point, plus particulierement employé pour la musique d'église, étoit seul enseigné ; on s'abstenoit absolument de l'étude du genre dramatique : l'étude instrumentale se bornoit à l'orgue et au serpent ; dans quelques unes des maîtrises on enseignoit le basson et le violoncelle, mais rien de plus. Quant à la musique chantée, l'on sait combien celle-ci, dans les églises de France, étoit éloignée de la pureté et de la grace de la mélodie italienne ; encore n'enseignoit-on le chant dans ces écoles que jusqu'à l'âge où la voix mue parceque jusque-là les éleves enfants de chœurs étoient utiles pour remplir les parties de dessus ; lorsque ce terme arrivoit ils étoient remplacés par d'autres enfants, et renvoyés avec une modique somme Parmi ceux qui n'avoient pas conservé de voix, les uns se livroient à l'étude des instruments, les autres embrassoient un état différent ceux dont la voix, après la mue, avoit acquis les qualités nécessaires au chant, se destinoient ordinairement à remplir les places de chantres-bénéficiers dans les chapitres, ou de choristes dans les églises; mais ces élèves, abandonnés après une première éducation aussi imparfaite, dépourvus de bonnes méthodes pour cultiver leurs moyens, vicioient toujours leur voix, la rendoient dure et criarde, parceque leur but, comme leur instruction, avoit été de faire entendre les chants du culte, du lutrin au porche, et que tout ce qui pouvoit leur faire atteindre ce but étoit bon, si défectueuse que pût être la méthode qu'ils employassent.

Les plus belles de ces voix furent appelées par l'ancien gouvernement à recruter la chapelle royale et l'opéra: elles eurent alors des occasions plus favorables à leur culture. Dans le nombre on distingue quelques artistes qui ont acquis une réputation méritée sur la scene lyrique; mais il faut convenir que c'est en changeant de méthode qu'ils se sont formés.

Cependant ce n'étoient pas toujours les écoles de cathédrales qui fournissoient des acteurs aux différents théâtres-lyriques: des hommes, réunissant la beauté de la voix à la beauté du physique, furent aussi tirés quelquefois de professions absolument étrangeres pour le service des théâtres; on s'efforçoit de hâter leur éducation musicale: heureux quand le sentiment et l'intelligence secondoient les qualités qu'on avoit déja reconnues en eux ! mais à ce concours de dons naturels, toujours extrêmement rare, se trouvoient aussi toujours réunis les vices inséparables d'une éducation tardive et précipitée; encore le gouvernement ne rencontroit-il que très accidentellement ces moyens imparfaits d'entretenir et de recruter les théâtres.

On a vu que les écoles de maîtrises, formant des élèves seulement pour le culte, ne s'attachoient strictement qu'à leur enseigner le chant approprié à cette destination; et que la musique instrumentale n'y étoit que très peu cultivée; ce vide se faisoit sensiblement remarquer dans les corps de musique attachés aux armées; la presque totalité des musiciens des régiments étoit allemande, et les orchestres même de nos théâtres étoient en grande partie composés d'artistes étrangers.

Au nombre des vices de l'ancien système d'enseignement musical on doit placer celui de ne pas y faire participer les femmes ; cependant leur utilité dans les concerts et les spectacles, alors comme aujourd'hui, étoit incontestable : l'instruction publique leur étoit donc due sous ce rapport ; mais cette considération n'eût-elle pas existé, il auroit fallu les admettre à cette instruction, pour propager l'art dans la société : le succès de ce moyen eût été infaillible ; dès que les femmes auroient cultivé l'art musical avec succès, sa naturalisation se seroit opérée en France, comme elle l'a été en Allemagne et en Italie.

Quelle fut donc l'utilité d'un enseignement aussi dispendieux que celui des cathédrales ? quels furent ses résultats dans toutes les parties de l'art ? A commencer par les compositeurs, il n'en est sorti qu'un très petit nombre parmi lesquels peu se distinguèrent ; elles n'ont produit aucun virtuose dans la partie instrumentale, et à quelques exceptions près, les chanteurs qu'elles ont formés n'ont point dépassé la médiocrité.

Le besoin d'assurer le service de la scène lyrique et de remédier aux vices de l'enseignement des maîtrises, la nécessité d'introduire enfin une meilleure méthode de chant détermina, en 1783, l'établissement d'une école spéciale de chant et de déclamation : l'enseignement du chant y fut confié au célèbre Piccini, au citoyen Langlé, premier maître du conservatoire de la *Pieta* à Naples, et au citoyen Guichard, connu par la pureté de sa méthode : cette institution fut en activité pendant dix années ; mais les habitudes de l'ancienne école l'entravèrent dans sa marche, et l'empêchèrent de produire le bien qu'on en attendoit.

Cette école d'ailleurs ne présentoit pas une organisation complete ; toutes les parties de l'art n'y étoient point enseignées.

A l'époque de la dissolution des maîtrises l'enseignement de la musique alloit partager leur sort ; il ne restoit en France que l'école de musique de la garde nationale parisienne, et celle de chant et de déclamation dont on vient de parler. Le Gouvernement ordonna la réunion de ces deux écoles ; et le conservatoire de musique fut formé.

On concevra facilement que beaucoup d'artistes atteints par la destruction des anciennes institutions se presserent autour du nouvel établissement, et y demanderent des places; mais le conservatoire ne pouvoit pas les réunir tous : dès-lors il compta au nombre de ses détracteurs une grande partie de ceux qui ne furent point admis dans son sein.

Ces mécontents rallierent à leur cause des esprits inquiets et ambitieux, qui craignirent que l'art ne fît des progrès, et qu'il ne se formât des artistes qui partageassent avec eux les applaudissements; dès-lors un système de calomnie fut dirigé contre le Conservatoire, qui devoit avancer l'art, et former des sujets pour les théâtres.

Au milieu des tracasseries et de l'intrigue dont on vient d'indiquer les motifs, cet établissement a constamment marché vers le but de son institution : son zele, et les talents dont il est composé (1), garantissent ses succès; soutenu de la volonté du Gouvernement, ce sera dans cette école que l'art se reproduira, nourri des fruits du génie, et guidé par l'expérience.

Ses membres se réunissent pour discuter les théories qui peuvent perfectionner et agrandir les différentes parties de la musique : l'application en est immédiatement faite dans l'enseignement; pourquoi les résultats ne se feroient-ils pas remarquer dans les compositions des éleves et dans leur méthode de chant, comme elle l'a déja été dans leur exécution instrumentale?

Tels sont les moyens substitués aux inconvénients de l'ancienne routine, qu'il falloit oublier lorsqu'on se destinoit au théâtre comme compositeur, ou comme chanteur.

Mais laissons parler les faits; ce sont les nouveaux fruits de

---

(1) On ne pourra contester au Conservatoire l'avantage d'avoir réuni et fixé en France, au milieu des orages de la révolution, un choix unique d'artistes nationaux et étrangers. Au moment du renversement de l'ancien gouvernement, ces talents précieux se trouvant sans emploi, pouvoient sortir de la république pour se placer avantageusement dans les cours étrangeres: ils furent retenus par l'honneur qu'ils attachoient à faire partie d'un établissement qui, en donnant un asyle à leur art, leur promettoit la considération que l'on accorde toujours au mérite en proportion des services qu'il rend, et des jouissances qu'il procure à la société.

l'école régénératrice et conservatrice de la musique qui doivent justifier la supériorité du mode d'enseignement qu'elle a adopté, et réfuter victorieusement les sophismes et les calomnies de ses détracteurs. Depuis 1791 jusqu'en l'an 5 environ, le Conservatoire a fourni plus de quatre cents éleves pour le service des armées de la république; depuis cette époque, deux cents cinquante-sept de ses éleves ont été donnés aux théâtres, tant de Paris que des départements; plusieurs d'entre eux y remplissent les premiers emplois; dans ce nombre vingt-cinq ont été employés à la formation de la musique de la garde des consuls; enfin soixante éleves du Conservatoire composent aujourd'hui cet orchestre connu sous le nom de Concert français, et dont l'exécution est applaudie par les artistes les plus célebres.

Le Conservatoire a toujours présenté depuis sa création un corps d'orchestre permanent pour le service public; sa riche composition est connue. Mais ce ne sont pas là les seuls fruits qu'ait produits cet établissement; il s'est peut-être occupé avec plus de succès encore de l'avenir que du présent; des travaux, qui ne pouvoient résulter que de la réunion des talents qui le composent, sont terminés ou s'achevent: ils ont pour objet de poser les principales bases d'un corps d'ouvrages élémentaires pour l'enseignement de toutes les parties de l'art. Ces bases sont établies: la méthode premiere (*les Principes élémentaires de Musique*) est imprimée; elle a été suivie d'un *Traité d'Harmonie* qui a réuni les suffrages des compositeurs des trois écoles, appelés à le discuter. Une méthode de chant établie sur les meilleurs principes de l'école italienne appliquée à la déclamation française, une de violon, une de basson, et une de clarinette, sont sous presse: celles qui doivent compléter ce corps d'ouvrages élémentaires, ainsi que des traductions d'ouvrages didactiques et relatifs à l'histoire de l'art, paroîtront successivement (1).

---

(1) Plusieurs savants et littérateurs, membres de l'institut, ayant des connoissances relatives à la musique, ont bien voulu réunir leurs lumieres à celles des membres du Conservatoire pour la confection de ces ouvrages.

On peut demander à ceux qui déclament contre le Conservatoire s'ils connoissent beaucoup d'établissements qui aient autant fait pour l'enseignement d'une science ou d'un art quelconque, dans ce même espace de temps? on ne leur fera pas l'injure de les croire incapables d'apprécier ces travaux. Mais il faut être bien aveuglé par la passion pour croire que le Gouvernement et le public éclairé ne sentiront pas avec quelle force leur masse repousse les attaques de quelques vanités déçues, de quelques intérêts personnels blessés, et pour imaginer qu'on perdra de vue la question principale de la propagation de la musique et des bonnes méthodes en France, pour donner quelque attention à des maneges de coteries, pour épouser des intérêts de coulisses.

Non, une institution dont le Gouvernement a constamment approuvé le régime, et qui en si peu de temps a rendu de tels services, ne peut pas être atteinte par les vaines déclamations d'individus dont le plus cher intérêt seroit de maintenir le mauvais goût que le Conservatoire de musique doit infailliblement détruire.

Que les partisans si zélés du système des maîtrises présentent en sa faveur des résultats aussi nombreux, on ne dira pas dans le même espace de temps, la comparaison seroit trop à l'avantage du Conservatoire, mais depuis la création de l'opéra, c'est-à-dire pendant près de cent cinquante ans, et que des juges impartiaux prononcent...

Le principe d'organisation de ce vaste établissement, qui excite l'acharnement de ses ennemis, en raison des succès qu'il obtient et en raison des atteintes que ces mêmes succès peuvent porter à leurs calculs, exigeoit la proposition de mesures absolument nécessaires à son complément ; ces mesures qui consistent dans la création d'un certain nombre d'écoles préparatoires, sont renfermées dans le projet d'organisation qui a été remis au Gouvernement (1). On est fondé à croire que si ce projet pouvoit être

---

(1) *Ce plan renferme les dispositions suivantes :*
1°. L'établissement de trente écoles de musique do premier degré, placées dans les villes du quatrieme ordre, contenant chacune un professeur et quinze élèves.

réalisé, les institutions qu'il propose assureroient la régénération complete de l'art musical en France.

La difficulté de faire en ce moment la dépense nécessaire pour son exécution peut seule arrêter. Mais il est bon de remarquer, en passant, qu'au total cette dépense seroit moindre que ne l'étoit, dans la seule ville de Paris, celle de l'entretien des maîtrises salariées pour la cathédrale, la Sainte-Chapelle, et les autres établissements du culte. Enfin le Conservatoire et cinquante-cinq écoles placées sur divers points de la république, seroient défrayés avec environ 507,000 francs.

Les résultats de ce nouveau système d'enseignement seroient deux mille six cents cinquante élèves instruits dans toutes les parties de la musique. En supposant que sur ce nombre six cents seulement soient destinés par la nature à devenir musiciens; en évaluant la durée de l'éducation de chaque individu à six années, et opérant par terme moyen, on obtiendroit tous les ans cent élèves, qui serviroient à entretenir l'art dans la société, qui recruteroient les nombreux corps de musique militaire, fourniroient les moyens d'exé-

---

2°. L'établissement de quinze écoles de musique, dites de second degré, placées dans les villes de troisieme ordre, contenant chacune quatre professeurs et quarante élèves des deux sexes.

3°. L'établissement de dix écoles de musique, dites de troisieme degré, placées dans les villes du second ordre ; quinze professeurs composant chacune de ces écoles, qui devront recevoir cent-vingt élèves des deux sexes.

4°. La relation de ces trois sortes d'écoles avec le Conservatoire établi à Paris, instruisant quatre cents élèves, et considéré comme école de quatrieme degré.

5°. L'établissement d'un pensionnat à Paris, destiné à recevoir vingt élèves qui réuniroient les qualités requises pour cultiver le chant avec succès.

Le nombre des élèves, celui des professeurs, la quotité de leur traitement, quelques vues administratives, la relation entre chacune des écoles dans lesquelles les élèves doivent passer pour arriver de celles du premier degré à celle du quatrieme degré, et l'organisation du pensionnat, forment l'ensemble de ce travail, dont on ne croit pas devoir publier les détails en ce moment.

Le total de la dépense proposée par suite de ce plan monte à cinq cents sept mille francs ; il y est mis en opposition avec un tableau approximatif des frais d'entretien des anciens établissements relatifs à l'art musical, dont les écoles de maîtrises et de cathédrales font le principal article, et qui se montoient annuellement à environ dix-huit millions.

cution pour les fêtes publiques, et alimenteroient les théâtres. (1)

Alors on réuniroit le triple avantage;

1°. De remplacer avec une grande économie et d'une manière infiniment plus fructueuse les moyens si imparfaits d'instruction musicale qui existoient autrefois;

2°. De créer, avec un système d'enseignement d'autant préférable à celui des cathédrales, qu'il seroit complet, une école de chant, qui pourroit par la suite rivaliser celles d'Italie;

3°. De nous rendre indépendants des écoles allemandes, où, jusqu'à l'époque de la fondation du Conservatoire, on a été obligé de puiser les musiciens *instrumentistes* employés dans les régiments et les spectacles.

Le Conservatoire de musique n'ayant eu que très peu de voix d'hommes à cultiver n'a pu prouver dans cette partie, comme dans toutes les autres, la bonté du système d'enseignement qu'il pratique : cependant les talents qu'il a pu produire pourroient déjà être cités avec honneur; les dispositions qu'il cultive donnent beaucoup d'espérances, et il faut convenir que ce n'est pas là le seul but que doive atteindre cet établissement.

Avant tout il faut trouver des voix. En plaçant des écoles dans les départements méridionaux, où les organes sont plus favorablement disposés pour le chant, on découvrira sans doute des élèves propres à recevoir avec succès le bienfait des bonnes théories.

Une cause principale de la rareté des belles voix, c'est la guerre soutenue pendant dix années par des armées continuellement recrutées de jeunes gens requis à l'époque où la voix de l'homme se forme et a besoin d'être cultivée pour acquérir les qualités qui constituent un bon chanteur.

La paix a détruit cet obstacle; il ne faut plus que rechercher des sujets que le Conservatoire formera, et l'on s'en occupe. Cette re-

---

(1) On compte soixante et quinze principaux théâtres lyriques en France, non compris ceux des quatre départements des pays d'entre Meuse et Rhin, Rhin et Moselle, ni ceux des six départements composants la vingt-septieme division militaire.

cherche exige du soin et de l'activité; mais pour réussir plus complètement il faudroit placer sur les principaux points de la population des examinateurs, dont la mission seroit de découvrir les voix propres à la culture.

Les professeurs des écoles de musique seroient ces examinateurs permanents; ils rendroient compte régulièrement des dons de la nature, assez rares en ce genre; le Conservatoire les recueilleroit et développeroit.

Enfin pour compléter cette mesure, et en recueillir tout le fruit, il est nécessaire d'établir auprès du Conservatoire un pensionnat, exclusivement destiné à l'encouragement de l'étude du chant; les élèves que la nature auroit doués, pour toute fortune, d'une belle voix, y seroient gratuitement admis: on arracheroit par ce moyen des germes précieux aux petits théâtres, où l'indigence les conduit, et où les talents avortent au lieu de se développer: la corruption est le seul fruit que les jeunes gens y recueillent.

Après avoir examiné la question de l'enseignement et de la propagation de l'art musical en France sous les rapports libéraux, il ne sera pas inutile de l'envisager sommairement sous l'aspect du produit commercial. Si les beaux-arts donnent du relief aux nations et leur assignent le rang qu'elles tiennent dans l'opinion des peuples, ils contribuent aussi à leurs richesses.

Autrefois le commerce français ne retiroit que très peu d'avantages des objets relatifs à la musique; les produits de cette partie de l'industrie nationale étoient nuls pour le fisc: des artistes étrangers venoient en France exercer la supériorité de leurs talents; ils retournoient dans leur patrie avec le tribut de notre admiration et une portion de notre numéraire proportionnée au succès qu'ils avoient obtenu. Désormais la balance peut et doit se tourner à notre avantage; le Conservatoire de musique, et les moyens qu'on vient de proposer pour étendre son utilité, nous rendront indépendants des étrangers. Déja plusieurs de nos artistes, parvenus au plus haut degré de talent, relèvent l'école française de l'état d'avilissement dans lequel elle étoit tombée. Que sera-ce lorsque, par suite d'un systême complet d'enseignement, nous pourrons atteindre la perfection dans toutes les parties de l'art musical? alors combien le trésor public sera indemnisé des avances qu'il aura faites à cet art!

Quelques exemples puisés dans les opérations actuelles du commerce prouveront combien l'industrie est préparée à seconder les encouragements que pourroit lui donner le Gouvernement, et quels avantages il en pourroit résulter.

Avant la révolution l'Angleterre nous fournissoit des *piano;* le prix ordinaire des meilleurs étoit de trois cents à six cents francs.

L'Allemagne nous fournissoit la plus grande partie des instruments à vent et à corde; les cors allemands, instruments assez bruts, étoient payés soixante-douze francs; on payoit les bons violons du Tyrol cent-vingt francs; la consommation de ces instruments étoit considérable.

Nos *piano* sont maintenant recherchés dans toute l'Europe; leur prix est monté de mille à deux mille quatre cents francs; le prix de nos cors, préférables par leur fini à ceux d'Allemagne, est monté de même de trois cents à cinq cents francs; nos luthiers fabriquent les violons dont la bonté en a fait hausser le prix ordinaire à quatre cents francs.

Les exemples cités sur ces trois sortes d'instruments s'étendent à la facture de tous les autres; et généralement la fabrication française a, dans le commerce, la supériorité sur celle des autres nations : cette vérité est attestée par l'empressement avec lequel ses produits sont recherchés.

Si le commerce des instruments nous appartient exclusivement par l'excellence de notre facture (1), celui de la musique gravée nous appartient également. Nous ne tirons pas de musique du dehors, et

---

(1) Un article réglémentaire du Conservatoire porte que tous les instruments donnés comme prix aux élèves seront de facture française. Cette disposition tend au perfectionnement de la fabrication, en ce que les artistes qui la dirigent ont pour but principal de procurer à leurs élèves les meilleurs instruments: de là, les soins et les recherches qui nécessairement améliorent continuellement la main-d'œuvre.

nous en exportons beaucoup (1) : les avantages qui résultent de ces deux branches de commerce, et l'impôt attaché à l'une d'elles (2), suffiroient déja pour compenser ce que les établissement existants ou proposés coûteroient.

Depuis quelques années le Gouvernement a établi, au profit des pauvres, une taxe sur les entrées des spectacles, bals, et concerts (3) cette taxe, pour la seule ville de Paris, est affermée cette année quatre cents mille francs. Maintenant que les pauvres sont richement dotés par l'établissement des octrois, l'art qui contribue le plus à procurer de telles ressources pourroit, si le Gouvernement le vouloit, trouver sur ses propres produits les moyens nécessaires sa conservation et à ses progrès.

---

(1) La gravure de la musique est portée à Paris à un degré de perfection inconnu dans les autres villes de l'Europe.

(2) L'impôt du timbre.

(3) Les progrès de l'art réclament impérieusement la suppression de l'impôt sur les concert Il est prouvé que, depuis l'établissement de cette taxe, ils n'ont jamais couvert leurs dépense et qu'ils sont devenus beaucoup plus rares : cependant les concerts sont utiles au perfection nement des différentes parties de l'art musical ; c'est dans les concerts que le chant, dégagé des entraves que l'art dramatique lui donne au théâtre, développe entièrement ses moyen Les Italiens, qui ont porté au plus haut degré de perfection l'art du chant, n'ont dû cet avan tage qu'au sacrifice qu'ils ont constamment fait de l'action dramatique dans les représentation théâtrales : c'est enfin dans les concerts que les voyageurs, nationaux ou étrangers peuvent se faire entendre.

De l'imprimerie de P. DIDOT aîné, au Louvre.

www.ingramcontent.com/pod-product-compliance
Lightning Source LLC
Chambersburg PA
CBHW070707050426
42451CB00008B/533